TURCOMAN TRAVERSANT L'AMOU.

LA

CONQUÊTE DE LA TOURKMÉNIE PAR LES RUSSES

I

A l'est de la mer Caspienne et au nord de la Perse et de l'Afghanistan, s'étend une steppe immense de 14,500 kilomètres carrés, bornée au nord-est par les possessions de Khiva et de Boukhara. C'est la Tourkménie ou pays des Turcomans. Comme les Kirghiz (1), les Tourkmènes se divisent en races ou peuplades (*Khalki*), celles-ci en hordes (*taiffé*) et les hordes en clans ou branches (*tiré*) (2). Parmi ces races, les plus importantes sont les Tékés, les Youmouds, les Sarikhs. Les Tékés se subdivisent en deux *tirés*. L'un, ordinairement désigné sous l'appellation de Tourkmènes de l'Akhal-Téké, occupe l'oasis de Téké; l'autre est établi dans l'oasis de Merv. Tous les Tourkmènes parlent la même langue, tous sont mahométans sunnites et ont les mêmes coutumes. Au milieu d'eux errent quelques Persans, des Afghans, descendus des anciens prisonniers de guerre, des Russes occupant les postes fortifiés.

Enfants du désert, constamment en lutte avec les populations des territoires limitrophes, les Turcomans avaient mené jusqu'en 1872 une vie de brigandages, justifiant à leur manière leurs crimes et leurs rapines par leur haine de l'étranger et leurs vendettas de tribus. Pasteurs comme les Kirghiz, ils s'occupaient moins de l'élevage de leurs troupeaux que de mettre à sac les localités voisines de leurs repaires. Fidèles à leur

(1) Voir, dans la *Bibliothèque illustrée des Voyages*, le n° 55, « les Steppes Kirghises », par Henri Moser.
(2) Cf. Vambéry, *Voyages d'un faux derviche dans l'Asie centrale.*

maxime qu'aucun *giaour* européen ou *chiite* persan ne pouvait entrer sur leurs terres autrement qu'au bout d'une corde, ils dépouillaient les marchands qui s'aventuraient dans la steppe. Presque tous, ne pouvant échanger facilement leurs bestiaux contre les produits de la terre, se livraient au trafic des esclaves.

Les Turcomans ne cessaient d'être en proie à des dissensions intestines. Les Youmouds étaient les ennemis mortels des Tékés. Les Tourkmènes de même se trouvaient en hostilité constante avec les peuplades voisines.

Depuis la prise de Khiva, la Russie avait à tenir en respect ces peuplades farouches et pillardes de la steppe (1). En 1873, le général Kaufmann inaugura la campagne contre elles. Le major-général Golovatcheff, placé sous ses ordres, s'avança de Khiva sur Hazarat, territoire occupé par les Youmouds (2), et l'envahit avec huit compagnies, huit sotnia, huit canons et deux mitrailleuses. Il y eut une bataille acharnée, et pendant un certain temps la victoire sembla incliner en faveur des Tourkmènes. Les opérations se prolongèrent pendant dix jours dans ces conditions d'indécision. A la fin, les Russes mirent les Youmouds en déroute, les tuèrent et blessèrent par milliers, leur enlevèrent 9,000 têtes de bétail, mirent le feu à leurs habitations et à leurs magasins d'approvisionnement, et les traitèrent avec un raffinement de cruauté dont l'histoire offre peu d'exemples.

Cinq ans après eut lieu la première expédition contre les Tékés. Le général Lomakine prit, sans motifs plausibles, possession du fort téké de Kizil-Arvat, à proximité de la frontière sud de la steppe de Kara-Koum. Cet acte d'hostilité provoqua dès le lendemain des représailles. Des patrouilles cosaques, envoyées en reconnaissance à quelques verstes du camp russe, furent assaillies par des bandes de Tourkmènes. Des mollahs se répandirent dans les tribus, prêchant l'extermination du petit corps d'armée russe. Nour-Verdi-Khan se mettait, cette fois, à la tête des russophobes. Suivi de tous les guerriers de sa peuplade, il tomba sur Lomakine. Nour-Verdi était, de l'aveu des Russes, un des hommes de guerre les plus remarquables de notre siècle (3) : il avait infligé des défaites écrasantes aux Khivans, en 1855, et aux Perses en 1861. Lomakine fit évacuer Kizil-Arvat. En 1878, il essaya de réparer l'échec et fut battu une seconde fois, à Dengli-Tépé, par Nour-Verdi. C'était un insuccès d'autant plus grave qu'il coïncidait avec la rupture du traité de Gandamak et la reprise des hostilités entre Anglais et Afghans (4). Aussi la Russie mit-elle tout en œuvre pour reprendre le dessus. Le général Lazareff, qui venait de se distinguer dans la campagne d'Arménie, fut chargé de relever le prestige russe. Malheureusement Lazareff tomba malade et mourut avant l'arrivée de ses troupes à Kizil-Arvat. Lomakine prit le commandement en chef et atteignit Dengli-Tépé, où il avait déjà

(1) Voir, dans la *Bibliothèque illustré des Voyages*, le n° 61, « Samarcande », par Jules Leclercq, et la préface de Charles Simond.

(2) Voir colonel Venukoff, *Revue militaire russe*; Fred. Burnaby, *A Ride to Khiva* (trad. française, éd. Plon); général Annenkoff, *l'Oasis d'Akkal-Téké et les routes de l'Inde*.

(3) Cf. capitaine Weil, *la Tourkménie et les Tourkméniens*.

(4) Cf. *Bibliothèque illustrée des Voyages*, n° 12, « l'Afghanistan », par Charles Simond.

essuyé une défaite. La bataille fut longue, et de part et d'autre les pertes se calculèrent par plusieurs centaines de morts et de blessés. L'issue de la journée fut contraire aux Russes. Les Tourkmènes, encouragés par leur victoire, croyaient déjà qu'ils allaient refouler les régiments du tzar dans les montagnes de l'Oural et du Caucase.

La situation était grave pour la Russie. Il fallait frapper un coup décisif, s'emparer sans délai de Géok-Tépé; sinon c'en était fait de l'empire du tsar dans l'Asie centrale (1).

II

Un homme se rencontra, qui réunissait toutes les conditions pour rétablir la fortune en péril de la Russie, et, par un coup d'éclat, rendit aux armes impériales, dont la gloire venait d'être obscurcie, toute leur splendeur : ce fut Skobeleff. Il avait la fougue irrésistible qui passionne les soldats, le regard intrépide, mais sûr, qui, en affrontant l'obstacle, le mesure; la trempe de génie des grands capitaines, qui savent, dans le même instant, voir et vaincre. Chef du parti de la guerre en Russie, il s'était fait, par ses exploits, une réputation dont le bruit avait retenti dans toute l'Europe, et il possédait toute la confiance du tsar. Aucun général russe n'avait comme lui cette impétuosité d'élan, cette témérité de bravoure, ce rayonnement de succès, ce fanatisme de l'ambition patriotique, ce passé déjà légendaire, qui transforment la personnalité d'un homme en Orient et le rendent égal à Roustem, le héros épique de l'Iran.

Skobeleff arrivait sur le théâtre de la lutte à un moment fatidique. Tous les regards étaient fixés sur lui dans la steppe, où la nouvelle de sa nomination au commandement en chef de l'expédition russe s'était répandue avec la rapidité d'une traînée de poudre. On attendait avec impatience l'heure où il allait en venir aux mains avec Nour-Verdi-Khan, cet autre Roustem qui avait su inspirer aux Tourkmènes un fanatisme plus grand encore que celui des Cosaques pour le vainqueur de Plewna. Aussi, quelle ne fut point l'impression d'effroi produite sur les imaginations orientales, ployées, par la croyance religieuse, sous l'empire du fatalisme, lorsque, au commencement du printemps de 1880, Nour-Verdi-Khan mourut. Les Russes avaient l'avantage, même avant de combattre. Plus expérimentés maintenant dans les guerres du désert qu'en 1879, ils allaient pénétrer dans la steppe avec des troupes plus nombreuses, conduites par le meilleur des généraux dont la Russie pût s'enorgueillir. Les Tourkmènes, au contraire, n'avaient plus pour les commander ce chef irrésistible qui les avait guidés de victoires en victoires et qui avait défait trois nations!

Cependant les deux khans qui avaient succédé à Nour-Verdi, en se partageant son autorité, ne cédèrent point à ces alarmes. L'un d'eux, Tekmé, naguère soumis aux Russes, avait appris, dans le camp du général Lomakine, à construire des ouvrages en terre. Mettant à profit cette expérience, il organisa la défense de l'oasis en concentrant à Géok-Tépé, situé au nord de Dengli-Tépé, 40,000 Tékés qu'il abrita derrière un solide rempart. Tandis que les Tourkmènes achevaient ces préparatifs,

(1) Gén. ANNENKOFF, ouvrage cité.

Skobeleff dressait son plan d'attaque; et la précision de ses vues prouva dans la suite combien il était instruit des complications de la tâche pour laquelle on lui avait donné carte blanche. Il commença par changer sa base et la transporta de Tchikishlar à Krasnovodsk ou, pour parler plus exactement, à Michaelovsk, petit port situé au fond de la baie de Krasnovodsk. Il se rapprochait ainsi considérablement de l'oasis d'Akhal-Téké, et se trouvait seulement en contact avec les Tourkmènes-Tékés, tandis qu'à Tchikishlar, qui est presque à l'extrême sud de la Caspienne, à l'embouchure de l'Atrek, la proximité des Goklanes était de nature à créer de nouvelles difficultés. Afin de tromper l'ennemi informé par des espions, il se porta d'abord vers Bami, à 290 kilomètres de la Caspienne et à 130 kilomètres de Géok-Tépé. Il fortifia cette position et la couvrit par des retranchements. Puis, comme Wellington à Torres-Vedras, il établit à l'intérieur de ces lignes un dépôt de munitions et de vivres, amené du Volga, du Caucase et de la Perse. En même temps il faisait venir de Bender cent mille rails qui y avaient été emmagasinés en prévision d'un échec du Congrès de Berlin. Ces rails furent transportés par la Caspienne jusqu'à Michaelovsk et posés dans la direction de Geok-Tépé. A vrai dire, ils ne furent guère utiles dans cette expédition; mais ils formèrent le point de départ de ce chemin de fer des Indes, qui deviendra un jour le plus puissant facteur de la grande invasion russe en Asie.

En janvier 1881, toutes ses dispositions achevées, Skobeleff se mit en marche vers Géok-Tépé. La redoute des Tékés n'était pas facile à emporter. L'artillerie russe fut impuissante contre ce formidable boulevard. Il fallut faire un siége en règle. Les travaux durèrent près d'un mois et coûtèrent aux Russes de grandes pertes; mais Skobeleff tendait pas à pas vers son but. Couvert par le feu incessant de ses soixante-neuf canons, il parvint à conduire une mine jusque sous les remparts de Géok-Tépé. Il n'y avait plus qu'à ordonner l'attaque. Le général en chef la confia à celui qui avait été jusqu'alors son bras droit et que l'on appelait en Russie « Skobeleff de l'avenir ».

Officier d'une valeur éprouvée, écrivain militaire d'une grande supériorité de talent, le général Kouropatkine s'était formé à l'école même de Skobeleff (1). Il avait fait, sous ses ordres, les campagnes de Khiva et du Khokand; il s'était trouvé à côté de lui à Plewna. Lorsque Skobeleff fut chargé du commandement en chef de la nouvelle expédition en Tourkménie, il s'était hâté d'appeler Kouropatkine avec un contingent de troupes du Turkestan; et la marche du jeune général à travers les déserts de sable de l'Asie centrale avait excité l'admiration universelle. D'une bravoure égale à celle de Skobeleff, mais d'un courage que l'on aurait pu appeler plus froid, Kouropatkine était un auxiliaire indispensable pour un général en chef dont la bouillante audace réclamait parfois le correctif du calme et de la circonspection. Doués l'un et l'autre des plus hautes qualités, ils pouvaient, par la différence de leur tempérament respectif, équilibrer les défauts de ces mêmes qualités et accomplir ensemble les

(1) Le général Kouropatkine avait fait, lorsqu'il était lieutenant-colonel dans l'armée russe, un voyage en Algérie. Il a laissé d'excellents souvenirs parmi les officiers de l'armée française d'Afrique. Il est l'auteur du remarquable travail sur la Tourkménie et les Tourkmènes publié dans le *Vojenny Sbornik*, et traduit en français par M. le capitaine Weil.

plus grandes choses. Le général Kouropatkine dirigeait les travaux techniques du siége, attentif à tout, ne pardonnant aucune faute. Le général Skobeleff inspirait aux soldats une *furia* endiablée qu'il jugeait essentielle en présence de l'ennemi. Assis à l'entrée de la mine, il pressait les sapeurs par la parole et le geste, les embrassant avec effusion, leur versant de l'eau-de-vie à plein verre s'ils achevaient avant l'heure la besogne commencée, les insultant brutalement devant toute l'armée lorsqu'ils étaient en retard.

Enfin le jour de l'assaut arriva. On poussa une tonne de poudre dans la mine, et on fit sauter un pan du rempart. Par la brèche les Russes se ruèrent dans la place. Il y eut alors un massacre horrible : les soldats russes, farouches et ivres, avaient l'ordre de ne point faire de quartier. Les Tourkmènes, incapables de résister, se précipitèrent en flots torrentueux à travers le désert dans la direction de Merv. L'artillerie les faucha dans leur fuite. A l'intérieur de la redoute, personne ne fut épargné; on viola les femmes avant de les tuer; on égorgea les enfants; plusieurs furent coupés en morceaux ou plantés au bout des baïonnettes. Le carnage dura jusqu'à la nuit. Le lendemain, la steppe était jonchée de cadavres amoncelés. La tuerie continua, et elle ne prit fin qu'après trois jours d'assouvissement d'une férocité indescriptible. Skobeleff estima plus tard les pertes des Tourkmènes à 20,000 (1). Les Russes poursuivirent les fuyards jusqu'à Askabad, capitale des Akhal-Tékés, à 43 kilomètres de Géok-Tépé. Pendant ce temps le général Kouropatkine poussait une reconnaissance jusqu'à moitié chemin de Merv. Les Tourkmènes de cette oasis ne durent, à ce moment, leur salut qu'à l'épuisement de l'armée russe. Skobeleff n'avait plus à compter que sur 2,000 hommes accablés de fatigue et sans munitions. Il ajourna l'achèvement de sa conquête et se retira sur la Caspienne; mais la terreur avait accompli son œuvre. Les Russes avaient tenu parole : la résistance était noyée dans le sang. La barrière tourkmène était renversée. S'ouvrir le chemin jusqu'à la frontière afghane n'était plus qu'une question de temps.

La prise de Géok-Tépé et d'Askabad eut, à Saint-Pétersbourg, au point de vue politique, les mêmes résultats que celle de Khiva. Un ukase impérial, en date du mois de mai de la même année, déclara le territoire du pays transcaspien annexé à la Russie. A vrai dire, cette annexion ne concernait que l'oasis des Akhal-Tékés. L'indépendance de la steppe s'affirmait encore par les Sarikhs, établis, au nombre de 65,000, dans la vallée du Mourg-Ab, entre Merv et Hérat; par les Turcomans de la vallée de Tejend, habitant la région située à 48 kilomètres de Sarakhs; par les Tékés de Merv, dont les pâturages s'étendaient dans la vaste oasis de ce nom, et par quelques autres peuplades moins importantes. Mais l'absorption de toutes ces tribus et des milliers de lieues carrées qu'elles occupaient était préméditée dès ce moment. Il était manifeste, d'ailleurs, qu'elle pouvait s'achever en peu de temps et peut-être sans coup férir.

III

Le général Skobeleff n'avait que des renseignements incertains sur les conditions militaires de Merv. Avant de tenter un coup de main sur

(1) Ch. Marvin, *The Russians at the Gates of Herat.*

l'oasis, il lui importait de savoir si la résistance à laquelle il pouvait se heurter devait ressembler à celle de Géok-Tépé. Secrètement il espérait s'en rendre maître par un stratagème. Il y avait, en ce moment, dans l'armée russe d'Askabad un de ces hommes qui, en des mains habiles, deviennent des instruments puissants. Il était originaire du Daghestan (province du Caucase) et s'appelait Ali-Khan. Comme la plupart des Asiatiques sujets du tsar, il avait russifié son nom en y ajoutant une terminaison slave : Ali-Khan s'était changé en Alikhanoff. Il était entré tout jeune dans l'armée russe, avait servi sous Skobeleff dans l'expédition de Khiva et était arrivé rapidement au grade de capitaine; puis il avait été désigné comme aide de camp du grand-duc Michel, vice-roi du Caucase. Une querelle avec un de ses supérieurs, qu'il provoqua en duel, l'avait fait traduire devant un conseil de guerre; il avait été cassé, privé de ses décorations et envoyé comme simple soldat dans une compagnie de discipline. Il demanda et obtint l'autorisation d'entrer dans le corps expéditionnaire du général Lazareff. Il se distingua dans cette campagne et s'éleva bientôt au plus haut grade que pouvait avoir un officier sans brevet. Après l'échec de Lomakine à Dengli-Tépé, il avait été rejeté dans Tchikishlar avec la colonne russe en déroute. Il avait ensuite assisté à la prise de Géok-Tépé et s'était fait remarquer du général en chef. Skobeleff devina d'un regard le parti qu'il pouvait tirer de cet officier encore jeune, brave, habile, instruit, maniant avec talent la plume et le crayon et parlant couramment la langue tourkmène. Bientôt il put se persuader qu'il avait affaire à un homme admirablement doué pour un coup de main.

Alikhanoff fut choisi pour pénétrer dans Merv et y lever le plan de la forteresse et de l'oasis. Déjà les Russes avaient un agent secret dans la place : Fazil-Beg, khivan devenu sujet russe, venait fréquemment de Merv à Askabad, et lorsqu'il retournait dans l'oasis, il engageait tous les Tékés qu'il rencontrait à visiter le nouveau bazar érigé par les Russes dans Askabad. Le bazar n'est pas seulement un marché; c'est un centre de rapprochement. Les Russes ne l'ignoraient point, et en y attirant les marchands et les acheteurs de Merv, ils trouvaient l'occasion de se montrer bienveillants envers eux et de capter leur confiance. Du reste, cette influence commençait à s'exercer d'elle-même. Un des deux Khans qui avaient commandé la défense de Géok-Tépé était revenu de Saint-Pétersbourg, où il avait été envoyé après sa reddition, et il parlait avec enthousiasme de la magnificence de cette capitale du tsar blanc.

Pour faciliter l'entreprise d'Alikhanoff, on organisa une caravane, sous le commandement d'un marchand arménien, appelé Kosikh, et très connu à Merv par beaucoup de Tékés qui avaient fait des affaires avec lui à Askabad. Alikhanoff devait servir d'interprète. On lui adjoignit un jeune officier de Cosaques, M. Sokoloff, et tous deux jouèrent le rôle de commis du marchand. La caravane quitta Askabad au commencement de février 1882. Elle se composait de quelques chameaux et était escortée par une demi-douzaine de cavaliers turcomans bien armés. La distance d'Askabad à Merv est de 373 kilomètres. On la parcourt en six jours de marche. Fazil-Beg prit les devants afin d'assurer la sauvegarde de la caravane à son arrivée à Merv. Chemin faisant, Alikhanoff levait avec le plus grand soin le plan du pays, en explorant tous les endroits jusqu'alors inconnus. On entra dans Merv à la nuit et l'on campa au milieu des Tékés, sans qu'aucun d'eux se doutât de la ruse. Mais le lendemain les choses avaient changé de face ; les soupçons étaient éveillés ; les Tékés se montraient irrités et ils auraient fait un mauvais parti à la caravane sans l'intervention des chefs de l'oasis. Ceux-ci, ne pouvant contenir l'émotion générale et craignant une expulsion immédiate et brutale des intrus, les firent comparaître devant une assemblée composée des khans et des anciens.

Alikhanoff s'acquitta de son rôle avec un merveilleux sang-froid. Dans un petit discours débité sans sourciller, il expliqua que son maître était un riche marchand russe, jouissant d'une grande faveur auprès des autorités et chargé par eux à ce titre de donner le *salaam* (bonjour) au peuple de Merv. « Désireux d'établir des relations de commerce avec les habitants de l'oasis, il était venu lui-même voir sur les lieux ce qu'il pouvait leur vendre ou acheter. Il n'avait pas d'autre dessein. » Un vieillard, peu satisfait de ces paroles, fit observer que le commerce était assurément une bonne chose, mais que les chefs ne pouvaient protéger la caravane contre les voies de fait de certains individus malintentionnés. Il valait mieux, suivant lui, pour les voyageurs, retourner à Askabad et y attendre les délégués de l'oasis. Avec eux on pourrait convenir librement de l'entente des deux peuples.

Alikhanoff ne se laissa pas déconcerter. « Nous sommes des marchands, dit-il, rien que des marchands : nous n'avons pas qualité pour discuter sur l'alliance ou non des Russes et des Merviens. Les deux peuples vivent en paix aujourd'hui. Les marchands merviens sont accueillis sans obstacle dans le bazar d'Askabad. Si vous défendez l'accès de l'oasis aux marchands russes, tout en y laissant venir librement ceux de Bokhara, de Khiva, de la Perse et l'Afghanistan, vous vous ferez fermer à vous-mêmes Askabad et les marchés russes. A ce jeu vous perdrez plus que nous ; car enfin votre marché de Merv n'a pour nous qu'une importance secondaire, et nous n'aurons aucune peine à porter nos marchandises ailleurs. » On lui répondit qu'à Merv la caravane pouvait être attaquée par des *kaltamans* (voleurs). « Nous ne les craignons pas, répliqua-t-il froidement, nous avons des armes et une escorte. » Bref, après un nouvel échange d'objections, le conseil décida que la caravane séjournerait quelque temps à Merv, assisterait à deux ou trois marchés, et retournerait ensuite à Askabad avec les délégués de l'oasis.

Les Russes passèrent quinze jours à Merv. Pendant tout ce temps, Alikhanoff se conciliait le plus de relations possible, intriguant partout, poursuivant sans cesse son but véritable. Déguisé en Turcoman, il explora l'oasis en tous sens. Levé dès l'aube, il prenait à l'insu de tout le monde le plan de la citadelle. Le jour, il avait de longues entrevues avec Makdoum-Kouli, l'un des khans qui avait commandé à Géok-Tépé, et qui était, à ce moment même, l'âme de la défense de Merv. Il lui parlait de la grandeur de l'empire russe, de la puissance du tsar blanc, des avantages que pouvait assurer aux Merviens une alliance avec ce souverain, dont la splendeur allait se manifester prochainement avec un éclat nouveau, à l'occasion du couronnement. Il décida Makdoum-Kouli à assister aux fêtes de Moscou et réussit par ce départ du khan à priver momentanément l'oasis de son principal défenseur. Lorsque le chef Téké revint à Merv, il était vaincu par l'éblouissement. Vêtu d'un superbe uniforme russe, chargé de présents, il rentrait dans l'oasis émerveillé de la gloire du tsar, de la magnificence de sa cour, de ses largesses, et ses descriptions étaient si pompeuses et si séduisantes que plus d'un parmi les chefs manifesta le désir de voir et de servir un maître aussi généreux (1).

La première partie de la mission secrète d'Alikhanoff pouvait s'arrêter là. Il reprit le chemin d'Askabad. Désormais la Russie était en possession de tous les renseignements nécessaires. Elle savait par le détail les points forts et les points vulnérables de l'oasis ; elle y avait des intelligences, presque des alliés, et le parti de la guerre parmi les Merviens décroissait graduellement en nombre. Il ne restait plus qu'à préparer le coup de main, ou, si on le jugeait préférable, à en attendre l'occasion Comme toujours, ce furent les tribus elles-mêmes qui l'offrirent.

Alikhanoff partit au commencement de 1884 pour Merv, muni d'instructions du général Komaroff, gouverneur d'Askabad. Il était accompagné de quelques cavaliers et de Makdoum-Kouli-Khan. Arrivé dans l'oasis, il convoqua le peuple et lui donna lecture d'un ultimatum du général russe. Cet ultimatum était court et catégorique. Il exigeait la soumission immédiate de l'oasis. Pour bien faire comprendre aux habitants de Merv la signification impérative de cette sommation, Alikhanoff appuya sa déclaration d'un geste d'autorité. Du doigt il montra à l'horizon le fort de Tejend, et il annonça que les forces concentrées sur ce point n'étaient que l'avant-garde de la grande armée russe en marche sur l'oasis.

La trahison de Makdoum-Khouli-Khan, la défection de beaucoup d'autres chefs, la faiblesse du parti de la guerre, ne laissaient aux anciens de Merv point d'alternative. Ils apposèrent leur signature sur le parchemin tout prêt qu'Alikhanoff avait sur lui et élurent une députation qui se rendit à Askabad. Elle se composait des quatre khans ou chefs et de vingt-quatre notables. Tous prêtèrent entre les mains du général Komaroff serment de fidélité au tsar blanc (6 février 1884).

Le dénouement était indiqué d'avance. Le général Komaroff résolut de se rendre en personne à Merv. Il alla chercher sa garde d'honneur au fort de Tejend, et la garnison tout entière de cette place l'accompagna La garde d'honneur était une armée. La députation mervienne précédait les Russes. Lorsqu'elle arriva dans l'oasis, il y eut une émeute. Le parti de la guerre, dirigé par Khadjar-Khan, menaça de massacrer quiconque ratifierait l'engagement pris par les anciens. Mais la résistance ne pouvait être qu'illusoire. Merv était cerné de trois côtés par les Russes ; du quatrième par les Sarikhs, ennemis mortels des Tékés. Pour toute défense l'oasis avait son rempart de terre, où la population entière pouvait s'abriter. On n'eut pas le temps de s'y rassembler avant l'arrivée des Russes. Il était trop tard. Alikhanoff venait de pénétrer dans l'oasis avec une sotnia de Cosaques et campait à 19 kilomètres de la forteresse. A la nuit noire Khadjar-Khan, avec quelques milliers de cavaliers, attaqua le camp russe. Il fut repoussé avec de fortes pertes. Le lendemain les Russes occupèrent la citadelle sans coup férir. Khdajar-Khan s'était enfui sur le territoire afghan.

Le coup de main de Merv était accompli.

Charles Simond.

(1) Ch. Marvin, *The Russians at the Gates of Hérat ; The Ruessins at Merv and Herat.*

DJIGUITES.

LE PAYS DES TURCOMANS [1]

I

Nous sommes dans les sables : quelques aouls au loin et des champs cultivés alentour, puis de nouveau des sables sans fin avec la triste végétation des saxaouls; en fait d'êtres vivants, seulement quelques rares alouettes de la steppe.

La marche est lente, je me sens envahir par l'indéfinissable tristesse du désert; ma petite colonne se déroule silencieusement en serpentant à travers la morne uniformité de la plaine, où rien n'arrête le regard. Partout cette immense étendue, comprise entre la Perse et l'Afghanistan au sud, l'Amou-Daria et l'oasis de Khiva au nord, et la mer Caspienne à l'ouest, — qu'on appelle Kara-Koum (sable noir) ou désert turcoman, — offre des contrastes très prononcés. Tantôt c'est de la terre glaise, durcie au soleil, sur laquelle résonnent les sabots des chevaux; tantôt ce sont des ondulations sablonneuses rappelant la surface d'une mer houleuse; il s'y dresse même des collines de sable, qui forment comme de petites chaînes de montagnes.

(1) Extrait de l'ouvrage intitulé : *A travers l'Asie centrale*, par Henri Moser. (Librairie Plon.)

Quoique la végétation fasse entièrement défaut dans une grande partie du désert, on y trouve, en certains endroits, des régions couvertes de bruyères, d'absinthes, de tamaris et surtout de saxaouls, arbres rabougris ou buissons chétifs. Ces endroits sont très recherchés pour les haltes des caravanes, car ils fournissent en abondance la maigre nourriture des chameaux.

Plusieurs voies sillonnent le Kara-Koum : ce ne sont pas des chemins frayés, mais seulement des empreintes de pas de chameaux et de chevaux qui se dirigent d'un puits à l'autre. Les voies les plus fréquentées sont celles qui passent auprès du plus grand nombre de puits; elles ne traversent, du reste, le désert que du nord au sud, et le voyageur qui désire se rendre de Kizil-Arvat à Tchardjouï, par exemple, préférera longer la lisière habitée des sables, jusqu'à ce qu'il puisse les traverser là où ils sont le plus étroits.

L'intérieur du Kara-Koum est complètement inhabité et inhabitable; sur les lisières seules, fertilisées par les canaux, séjournent des Turcomans qui font paître leurs troupeaux autour des puits voisins de leurs aouls.

La partie du désert dans laquelle nous sommes engagés n'est pas entièrement plane; il s'y trouve une chaîne de collines qui se dirige de l'est vers le sud-ouest et varie de trois cents à quatre cents pieds de hauteur; toute cette étendue doit cependant avoir été jadis une contrée habitée, car nous avons rencontré un bon nombre de ruines d'anciennes forteresses.

Nous avons choisi un de ces sites pour notre première halte appelée Kizil-dja-Kala. Avant d'y arriver, nous nous arrêtons près du puits du même nom, qui contient en automne et au printemps une eau saumâtre, bonne tout au plus pour abreuver les chevaux. Les Turcomans appellent ces sortes de puits « ourpa », tandis qu'ils donnent le nom de « koudouk » ou « kouïou » aux puits plus profonds, renfermant de l'eau potable pendant toute l'année.

Rien ne signale la présence d'un puits dans le désert, si ce n'est la quantité d'empreintes qui se dirigent vers ce point; il n'y a là en général qu'un ou plusieurs orifices, sans margelle ni poulie, qu'on distingue avec peine à une certaine distance, et dont les parois, sans maçonnerie, sont simplement étayées de branches de saxaoul.

L'approche des puits, et principalement de ceux qui se trouvent dans le voisinage des lieux habités, exige des précautions; en effet, c'est en ces endroits que les fâcheuses rencontres peuvent se produire. A quelques verstes de Kizil-dja-Kala, je prends donc avec moi Mambet-Serdar, Batter et Koch-Nazar (1) pour de-

(1) Les préparatifs de ma caravane m'avaient donné beaucoup de besogne. Parmi les gens qui m'accompagnaient, l'homme le plus important était le «ser-

vancer la caravane et reconnaître les approches du puits. Nous faisons un grand circuit, le serdar en tête, pour soumettre toutes les empreintes à un sérieux examen; les serdars, sur le vu de ces traces, sont à même de juger si les caravanes qui se sont approchées du puits sont de fraîche ou d'ancienne date. Les empreintes de pas de cavaliers n'ayant point de chameaux dans leur suite donnent lieu à des recherches plus minutieuses. Je me suis souvent étonné de l'instinct remarquable dont les serdars font preuve en ces occasions : une empreinte dans le sable leur dit même au bout de quelque temps à quelle tribu appartiennent les cavaliers qui ont passé par là; j'ai même entendu Mambet nommer des cavaliers qu'il reconnaissait aux marques laissées par leurs chevaux.

Pendant que notre colonne s'approche, les serdars placés sur les points les plus élevés des environs scrutent l'horizon pour s'assurer que rien d'insolite ne se présente; les hommes se rangent autour du puits, les « arkanes » (longues cordes) sont attachés aux seaux de fer qui servent à puiser l'eau, pour abreuver d'abord les chameaux, puis nos montures.

Cette opération terminée heureusement, je prends la tête de ma caravane, et, suivi des cavaliers, je vais à quelques verstes de là reconnaître le terrain propre au campement du soir. Un bon temps de galop, après qu'elles ont bu, a l'avantage de réchauffer les montures. Ce mode, quand on peut l'employer, est très salutaire aux chevaux, qui de la sorte mangent de bon appétit une fois arrivés à l'étape, tandis que si l'on recule leur abreuvage de

dar » ou guide. Le serdar est un homme qui a une connaissance approfondie des routes du désert; il connaît les puits, les distances, sait s'orienter et est capable de conduire des expéditions. Quand l'expédition est décidée, on fait choix d'un serdar auquel durant la marche tout le monde doit obéissance; ses arrêts sont irrévocables, on ne discute pas avec lui. Mambet-Serdar, qui devait me conduire, jouissait d'une grande réputation parmi les Yomounds; il était âgé de cinquante ans; petit et trapu, il avait l'air farouche et résolu; un coup de baïonnette russe, reçu dans la dernière campagne, lui avait labouré la joue gauche; c'était d'ailleurs un homme taciturne au suprême degré.

Le second personnage, non moins important, est le Caravane-bachi; le mien était un Turcoman Tchik, du nom de Guide Mohammed, que j'ai sur la conscience d'avoir terriblement tourmenté. C'est à lui qu'incombent le soin du matériel, la responsabilité des effets et le choix des chameaux.

Voici quel était l'effectif de ma caravane : *Mambet-Serdar* avec son djiguite.

Batter-Nesser-Bay, un des plus hardis coquins qui aient jamais foulé le sable du grand désert, sous-officier des noukers et commandant la garde particulière du Divan-Bégui.

Tioura-Bay-Daouliat, un jeune Kirghiz Adaï (horde guerrière de la Caspienne), qui était venu s'offrir sans gages pour accompagner le Farang (Français).

A ce personnel indigène, complété par le Caravane-bachi et les trois chameliers turcomans, s'ajoutaient les gens de mon escorte: mon brave Toursoum-Bay, djiguite en chef; Koch-Nazar, le second djiguite. Turcoman-Ata et deux serviteurs ousbeg. Total, moi compris, onze cavaliers et quatorze chevaux, dont trois conduits à la main. (H. M.)

quatre ou cinq heures, ce retard les fait souffrir et les empêche de profiter de leur nourriture.

La condition première qui doit présider au choix d'un campement est le voisinage de fourrage et de combustible; jamais on ne se risque dans une dépression du sol; à moins qu'il ne souffle une bourrasque; c'est toujours aux lieux élevés qu'il faut donner la préférence. La place une fois désignée, je fais décrire un demi-cercle à mes chameaux; une secousse imprimée à la corde qui passe par le cartilage de leurs naseaux leur fait fléchir les genoux, mais non sans leur arracher des cris et des gémissements pitoyables; les charges qu'ils portent, solidement attachées par le haut et pendant des deux côtés, comme un bât, viennent se poser à terre et forment l'enceinte intérieure de mon camp. Les bêtes, une fois déchargées, sont chassées dans le désert, où elles vont chacune de son côté chercher quelque aliment, fort peu substantiel en cette saison : çà et là une pauvre touffe d'herbe, le plus souvent des rameaux de tamaris, d'absinthe, de kandim, de sasak ou de saxaoul.

Dès l'arrivée il règne une grande activité au campement; les chameliers, à l'aide de la « balta » (hache), vont à la recherche du bois qui est encore fourni par les racines ou les troncs noueux des saxaouls, si durs que le tranchant de la hache n'y mord pas, tandis qu'un seul coup du revers de la balta suffit pour les casser comme du verre. Une des choses les plus importantes, c'est d'avoir assez de combustible pour entretenir un feu qui doit éclairer le camp pendant toute la nuit.

Les dernières clartés du jour sont encore employées à mesurer les rations de djoughara dans des petits sacs destinés à être attachés à la tête des chevaux, et que chaque Turcoman porte avec lui. Les provisions sont déballées, le cuisinier dresse ses trépieds, prépare ses marmites, lave son riz, découpe la viande. Mes quatre étalons liés à des pieux en fer, dans l'intérieur de mon réduit, sont débridés, légèrement dessanglés et recouverts du dernier gros feutre réservé pour la nuit. Aux premières haltes, je fais dresser ma youlaméika; mais c'est là une longue besogne que j'ai simplifiée dans la suite, parce qu'elle prenait trop de temps. La nuit venue, cette activité générale fait place au repos; mon escorte s'établit autour des feux allumés à proximité de mon réduit; les chameaux et les chevaux forment la deuxième enceinte de mon camp, et ici je dois dire qu'à toutes ses qualités le kizil-nar, grand chameau turcoman, joint l'instinct d'annoncer par un grondement significatif l'approche d'étrangers pendant la nuit; ils sont donc d'excellents factionnaires formant comme les avant-postes du campement.

De huit heures à minuit, mes gens se reposent, roulés dans leurs pelisses et couchés sur leurs feutres autour des feux; les hommes de garde seuls veillent, se relevant de deux en deux heures.

Pendant que l'un fait la ronde à l'extérieur, le second se chauffe au feu. Quant à moi, ma table et mon pliant sont dressés à proxi-

L'AMOU-DARIA

mité du feu; j'ai tout auprès le koungane contenant le thé où je puise d'innombrables verres d'un excellent breuvage que je mélange soit de vin, soit de cognac, pour en varier l'attrait et me tenir éveillé. Puis j'écris mes notes, non sans présenter fréquemment mes mains gelées à la flamme; ou bien mes pensées, pendant que je contemple le firmament, s'en vont au loin chercher la patrie et les personnes aimées, que l'abandon dans la morne solitude rend plus chères au voyageur.

Quand je sens le sommeil me gagner, je prends mon fusil et, enjambant les dormeurs, je vais sonder les profondeurs des ténèbres. Parfois, et surtout quand c'était le tour de Batter de revenir au feu, il s'asseyait à côté de moi ; un bon verre de thé, assaisonné de cognac, lui déliait la langue, et c'est à ces heures-là que je dois maintes histoires d'alamanes, de plaies et de bosses, que ce chenapan du désert dénichait dans les souvenirs de ce qu'il appelait le bon vieux temps. Il prenait volontiers le quart de nuit pour être en ma compagnie, et alors on causait. Batter racontait ses expéditions en Perse, ses combats avec les Tékés, ces ennemis intimes des Yomoudes, et leur tactique dans ces rencontres : la surprise de nuit, le rapt des femmes et des enfants, puis la fuite à toute bride, chaque cavalier portant un prisonnier en croupe. En cas de poursuite, les prisonniers étaient liés ensemble et gardés par quelques cavaliers, tandis que le reste combattait les poursuivants : « Et si un de nos hommes était tué, les nôtres tuaient deux prisonniers, » ajoutait-il avec le plus grand flegme.

Entre minuit et une heure, je réveille mes hommes; tous les feux sont allumés derechef, et à leur clarté on procède à la levée du camp, dont Toursoum-Bay prenait la direction. C'est le moment pour moi de me livrer au repos; je dors ainsi deux heures, au bout desquelles on m'éveille, lorsque tout est prêt pour le départ. Vers trois heures, par la nuit noire, la caravane se met en mouvement pour marcher sous la conduite du serdar jusqu'au lever du soleil; c'est là l'étape la plus dure. En effet, le sommeil alors vous assiège, vous envahit, et c'est seulement en marchant qu'on parvient à se réchauffer quelque peu. Avec ma santé affaiblie, c'est uniquement par la force de la volonté que je persévère à aller de l'avant sans trêve, sachant que les grands « bouranes », que les Turcomans appellent « Kara-yel » (vent noir), les bourrasques de neige, nous surprendraient si nous ne forcions les étapes.

Trois longues marches monotones, en moyenne de quinze heures en selle par jour, nous amènent aux puits d'Ourta-Koudouk (Orta-Kouïou). Combien les quatorze heures de ténèbres de cette saison-là paraissaient longues ! Je me souviens que dans une nuit de bourrasque terrible, le serdar, qui portait une lanterne pour orienter la marche, arrêta la caravane : « Je ne suis plus sur la route, me dit-il, impossible d'avancer ; il faudra que je retourne sur mes pas dès qu'il fera jour. » Ce fut ma boussole qui nous sauva, comme déjà plusieurs fois auparavant, car je pus lui indiquer avec certitude le levant et le couchant. Les Turcomans ne connaissent pas cet utile instrument. Le Caravane-bachi en avait entendu parler par des voyageurs, mais il n'en avait jamais vu. Il suffira, pour donner une idée de l'état sauvage de ces peuples, de dire que la mesure des heures ne leur est même pas connue. Ils comptent par quarts de journée, et divisent celle-ci en deux moitiés : l'une, du lever au coucher du soleil; l'autre, de son coucher à son lever; ils subdivisent ces quarts en *lances*, disant par exemple : « Le soleil est à une, deux ou trois lances au-dessus de l'horizon. » Leur manière de marquer la rapidité de la course d'un cheval est également très originale; le Turcoman dit : « J'ai couru un, deux ou trois *poings*, » c'est-à-dire qu'il n'y avait entre le ventre du cheval et le sol qu'un espace grand comme un, deux ou trois poings; évidemment, moins il y a de poings, plus la course est rapide. Cette expression a une analogie frappante avec la nôtre : aller ventre à terre.

Après cette digression, je reviens à mon itinéraire et je note trois jours sans eau; il était temps d'arriver au puits, car la soif se faisait sentir. Un chameau s'étant abattu, un des tonneaux d'eau emportés de Petro-Alexandrovsk se brisa, et le précieux liquide destiné à mon usage personnel se perdit dans le sable. Nous dûmes marcher sans désemparer jusqu'au coucher du soleil; alors, les chameaux n'avançant plus, impossible de continuer. Nous décidons de laisser Batter, mon Turcoman Ata et deux djiguites en arrière, et de pousser nous-mêmes avec nos chevaux jusqu'aux puits. Vers dix heures du soir, le serdar qui nous conduisait nous avait dit que nous approchions, mais bientôt après nous apercevons des feux de bivouac. On est méfiant en pareille occasion, et je n'étais pas bien sûr du serdar : je le fis appeler et lui demandai ce qu'il y avait à faire. Il était lui-même assez ému. Retourner sans avoir abreuvé les chevaux était impossible; il fallait donc aller de l'avant. Je remis les chevaux de main à deux hommes de garde, et avec le reste, nos armes prêtes, nous avançâmes : j'avais le serdar devant moi, bien décidé à lui faire un mauvais coup s'il y avait trahison. En approchant des feux, — il y en avait quatre ou cinq, — nous aperçûmes des indigènes couchés, ainsi que des chameaux et des chevaux. La sentinelle donna l'éveil, et tout ce monde fut debout en un clin d'œil; les sabres sortirent du fourreau et les « moultouks » s'agitèrent. On nous avisa de ne pas approcher.

Plusieurs cavaliers qui s'étaient jetés sur leurs montures vinrent dans la nuit à notre rencontre. Le serdar leur expliqua qui nous étions; je parlai moi-même en russe et je demandai une place à leur feu, ce qui nous fut octroyé. Serrés les uns contre les autres, nous fîmes notre entrée dans leur camp, et je m'installai près d'un brasier, quittant mes armes, comme c'est l'usage lorsqu'on accepte l'hospitalité.

C'étaient des Tékés de Kizil-Arvat allant vendre leurs tapis et les produits de leur industrie à Khiva. Yomoudes et Tékés se mesurèrent avec des regards hostiles, mais je n'eus point à me plaindre des procédés des Tékés; ils m'offrirent ce qu'ils avaient à manger; moi, de mon côté, je leur donnai du thé et du sucre; nous passâmes ainsi une bonne heure près de leur feu, les chevaux furent abreuvés, et nous retournâmes au campement sur l'avis du serdar.

Cela nous faisait dix-huit heures en selle ce jour-là; c'est la plus forte étape que j'aie faite : aussi le lendemain je constatai que deux chevaux étaient blessés sur le garrot, et que mon kirghiz était fourbu.

Grâce à mon carnet de voyage, je pus constater que ce soir-là,

CHEVAL TÉKÉ

dans le monde civilisé, on fêtait la veille du jour de l'An; j'ouvris largement à cette occasion mon panier à provisions, et toute mon escorte fêta le Baïram du Bayar; nous vidâmes même ma dernière bouteille de champagne le 31 décembre, et Toursoum-Bay chanta ses ballades kirghizes.

Une des parties les plus tristes et les plus désolées du désert, c'est l'espace compris entre Orta-Koudouk et Bala-Ichem. Nulle part je n'ai vu autant d'ossements blanchis au soleil et de carcasses de chameaux.

J'ai rapporté de Bala-Ichem un objet qui est bien en harmonie avec le caractère de ce lieu funeste. — Je faisais, comme d'habitude, ma ronde nocturne; le ciel était noir, et la bourrasque mêlée de neige me fouettait le visage; lorsque parfois les feux du

TURCOMAN TÉKÉ.

bivouac jetaient des lueurs plus vives dans les ténèbres, je voyais dans ma marche lente et cadencée les buissons prendre des aspects fantastiques. Pour un peu, l'imagination, qui prête un corps aux ombres de la nuit, allait susciter autour de moi une légion de Turcomans rampants et de cavaliers fuyant dans l'obscurité; mais mon pied, en buttant contre un obstacle qui rendit un son lugubre, me rappela à la réalité; je me baissai pour toucher cet objet, et je sentis, non sans un léger frisson, que c'était un crâne humain. — Je l'ai emballé à titre de *memento* de ces sombres veillées. — Ce n'est du reste qu'un échantillon pris sur la grande quantité de ces ossements blanchis par le soleil dans les sables. A qui a-t-il appartenu ? Si cette tête creuse pouvait parler, quelle fatale histoire de misères, de douleurs, révélerait-elle ? Est-ce celle d'un Persan fait esclave et ne pouvant continuer à pied la route avec ses bourreaux ? — Est-ce celle d'un voyageur comme moi, tué dans un alamane, ou d'un marchand égorgé pour sa cargaison ?

Le premier puits après Bala-Ichem, c'est Kizil-Khati.

Plus nous avancions, plus la cuisine se simplifiait. Pendant la dernière moitié du voyage, je ne faisais cuire qu'une fois par jour, à la halte du soir, et je distribuais à mes gens des rations de pain, c'est-à-dire des espèces de galettes qu'on fabrique à Khiva, et de la viande de mouton rôtie, qu'ils mangeaient en la réchauffant simplement au feu, embrochée aux baguettes de fusil, avec du thé à discrétion. Le soir, jamais d'eau-de-vie; la nuit, au départ de la caravane, un verre à chacun, et à l'arrivée à la halte du matin, la même ration; sauf le Caravane-bachi, tous s'y sont habitués.

Durant les douze jours de marche dans le désert, nous n'avons fait que deux rencontres : je viens de raconter la première; la seconde a été celle de cavaliers tékés, au nombre de huit, très bien montés et qui approchèrent de notre bivouac. Batter, qui veillait avec moi, avait entendu les pas de leurs chevaux, et l'éveil fut donné à tout le camp; nous fûmes aussitôt en selle, car deux chevaux restaient bridés toute la nuit à tour de rôle. Nous allâmes à leur rencontre; Toursom-Bay leur cria de ne pas avancer davantage s'ils ne voulaient pas essuyer notre feu, et qu'un d'entre eux vînt seul au bivouac se faire reconnaître. C'étaient des Turcomans Tékés, à la recherche, disaient-ils, d'un voleur qui avait emmené un cheval dans cette direction; ils demandèrent si nous n'avions rencontré personne. Le serdar, qui avait observé les traces d'un cavalier seul, put leur donner ce renseignement; néanmoins je trouvai plus sûr de les engager à faire leur feu à distance; je leur envoyai, du reste, des provisions, de l'eau et du tabac.

A Kizil-Khati, je me décide à abandonner huit de mes chameaux à deux hommes de mon escorte et à un chamelier : quoique l'on eût choisi les plus fortes bêtes qu'on eût pu trouver, les marches forcées les avaient tellement éprouvées qu'elles retardaient notre marche. Les bagages les plus précieux et une quantité d'eau suffisante furent chargés sur les autres chameaux.

Au point du jour, par un fort brouillard, nous quittons Demirdjen, le dernier puits; la veille déjà nous avions relevé des traces de moutons, qui, à cette époque, viennent paître autour des puits; les chemins se croisaient en tous sens, et ma boussole seule pouvait nous mettre sur la bonne voie; enfin, vers le milieu du jour, il y eut une éclaircie, et, du haut d'une éminence, je pus apercevoir de loin, à l'horizon, les montagnes de Kizil-Arvat; nous étions tombés juste : douze jours à travers les sables nous avaient amenés en droite ligne sur la station de Kizil-Arvat, de la province transcaspienne.

J'ai franchi avec mes chevaux, en douze jours, un chemin que les caravanes mettent de dix-huit à vingt jours à parcourir. Je faisais jusqu'à quinze heures en selle dans les vingt-quatre heures, et j'ai passé par toutes les horreurs du désert : bourrasques, pluie, neige et froid glacial, car nous avons eu jusqu'à 15° au-dessous de zéro le matin, quand le jour arrivait. Ce qu'un pareil froid, après quatre heures en selle dans la nuit, vous fait éprouver, on ne peut s'en rendre compte. Enfin là, au pied de cette montagne, nous allions trouver une colonie d'Européens, la sécurité, un gîte, la fin de toutes nos inquiétudes et de toutes nos fatigues. Aussi ai-je rendu grâces au Seigneur qui nous avait préservés de tout accident durant ce long trajet. On ne peut se figurer l'impression que produit la terre habitée, après le silence, le vide, la désolation de cet immense désert que nous venions de franchir.

Quoique j'aie parcouru bien des contrées, beaucoup vu, et gardé des souvenirs de tout genre de mes pérégrinations précédentes, aucune n'égale les impressions de cette traversée. Si je ne suis pas le premier Européen qui ait fait cette route, je suis au moins le premier qui ait tenté la chose *tout seul*, se confiant à une escorte yomoude; les privations que j'ai supportées, les fatigues que j'ai endurées ne sont rien; chacun peut en faire autant avec la vigueur physique nécessaire. Mais il fallait avoir d'abord la force morale de tenter l'entreprise; je me félicite maintenant de m'être mis à l'épreuve; quant au succès, je le répète, c'est à Dieu que j'en rends grâces.

Comme pour participer à notre joie, le soleil, vers midi, dissipe les brouillards; les collines ondulées et sablonneuses ont fait place aux grandes flaques d'eau, formant de petits lacs dans ces enfoncements du terrain que l'on appelle des « takirs », dans lesquels l'eau des neiges et des pluies se rassemble de l'automne au printemps pour disparaître avec les grandes chaleurs. Le soleil produit sur ces nappes d'eau des mirages bizarres, et le bruit sec des sabots de nos chevaux fait fuir au loin d'innombrables troupeaux de « koulanes » qui se trouvent par milliers dans cette partie du désert;

ce sont de gracieux ânes sauvages, qui malheureusement sont trop farouches pour jamais se présenter à la portée de nos carabines. Mes lévriers, comme s'ils pressentaient aussi la fin de leurs misères, font des essais infructueux, quoique couverts de leurs feutres épais, pour rejoindre ces légers habitants de la limite du désert.

A mesure que nous nous rapprochons des montagnes dont la silhouette se dessine à l'horizon, la gaieté augmente dans les rangs de ma petite colonne ; les rancunes sont oubliées, et le « chaïtan » du désert, lui aussi, a fait place à un bon maître, distribuant à son escorte les derniers beaux restes de son garde-manger et de sa cave.

Mais dans quel état nous avons fait notre entrée dans Kizil-Arvat ! En douze jours, j'avais pu me laver une seule fois. Nous étions hâves, brûlés par le vent, sales au possible, montés sur des bêtes efflanquées. A l'arrivée, je salue comme un frère le premier soldat russe que je rencontre, — il était ivre, du reste. J'entre dans le bourg : une longue ligne de maisons en terre glaise, de misérable aspect ; dans les rues, les figures rébarbatives d'une population tout inconnue pour moi, — des Persans, des Arméniens, le rebut des habitants du Caucase qui est venu échouer ici depuis la conquête russe.

II

Lors de mon séjour à Kizil-Arvat, la nouvelle province russe connue sous le nom de Territoire Transcaspien était administrée par un gouverneur militaire résidant à Askhabad et dépendant du gouverneur général du Caucase ; elle se divisait en trois districts : celui de Manghichlak, habité par les Kirghiz Adaïs et par environ quatre cents kibitkas de Turcomans Tékés ; celui de l'Atrek, limité à l'ouest par la mer Caspienne et au sud par la Perse, habité par des tribus turcomanes, yomoudes et goklanes, et celui d'Askabad, s'étendant de Kizil-Arvat à Baba-Dourma, comprenant l'oasis de l'Akhal-Téké, habité par environ cent mille Tékés, la tribu turcomane la plus sauvage.

L'oasis de l'Akhal, bordée au sud-ouest par les monts du Kopet-Dagh, est un des pays les plus riches de l'Asie centrale : c'est une bande de terre fertile d'environ deux cent quarante verstes de longueur et d'une largeur inégale, dépendant de la quantité d'eau que fournissent les ariks (canaux) et les ruisseaux qui descendent des flancs abrupts du Kopet-Dagh. Il n'existe pas de véritables rivières ; les grandes vallées étant toutes longitudinales, elles déversent leurs eaux dans la mer Caspienne par l'Atrek et le Gourghen. Partout où l'eau fait défaut, l'oasis est interrompue par des sables ou des régions rocailleuses ; les villages se groupent le long des ariks, parfois en grandes agglomérations ; toute la contrée porte les vestiges d'une ancienne civilisation : on y voit même les ruines de plusieurs grandes villes, mais sur l'origine desquelles les indigènes n'ont aucune notion.

Le nouveau district de l'Akhal, dont le chef-lieu est Askabad,

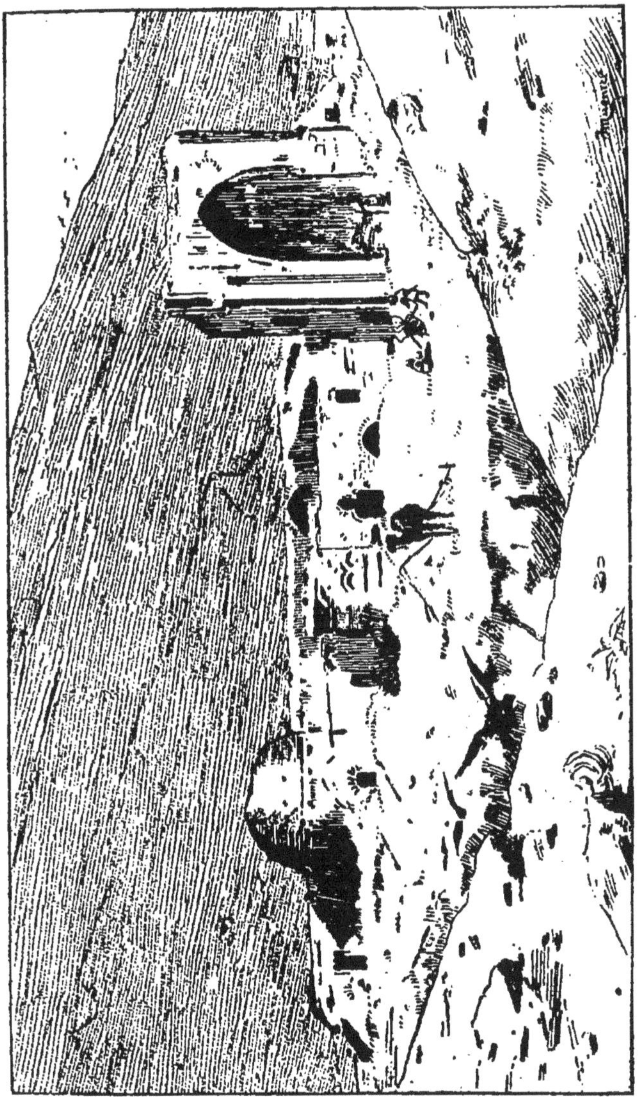

RUINES D'UN CARAVANSÉRAIL.

compte près de soixante mille kibitkas, habitées par des Tékés (chèvres), dénomination qui leur vient probablement de l'agilité avec laquelle ils escaladent à cheval les flancs escarpés des montagnes qui bordent leur oasis au sud. Les Tékés forment également la majeure partie de la population de l'oasis de Merv.

Ils se divisent en deux grandes familles (Ottamich, Tokhtamich), qui se subdivisent en quatre tribus (Bek, Vakil, Bakhchi-Dach-Ayak, Tchitchmas), lesquelles à leur tour se ramifient à l'infini. Ils sont musulmans sunnites, et, comme les Turcomans, suivant leur richesse, passent de la vie nomade à la vie sédentaire. Au centre des champs qu'ils cultivent s'élèvent des forteresses, vastes murs en terre glaise flanqués parfois de tours, où une seule porte donne accès. Ces forteresses, appelées *Kala*, ne sont généralement habitées qu'aux époques des semailles et des récoltes; le reste du temps, l'aoul suit ses troupeaux dans les pâturages, et ce n'est que quand un ennemi est signalé qu'ils dressent leurs kibitkas dans les enceintes fortifiées, dont ils barricadent l'entrée.

Jusqu'à leur soumission à la Russie, les Tékés ne reconnaissaient aucune autorité, et leur administration était des plus simples. Une assemblée d'*ichanes* et de notables des différents aouls traitait les affaires intéressant toute la tribu, comme, par exemple, la levée en masse. Cette assemblée nommait aussi les Khans, dont l'un résidait à Merv et l'autre à Askhabad dans l'Akhal. La cérémonie de l'investiture était on ne peut plus républicaine; le doyen de l'assemblée disait tout simplement à l'élu : « Tu seras Khan, » et lorsque ce fonctionnaire cessait de plaire à ses turbulents électeurs, ceux-ci le déposaient en lui disant : « Tu ne seras plus Khan. »

La dignité de Khan n'était, du reste, guère enviée : on ne rendait à ce chef aucun honneur, et son influence était presque nulle; le Khan représentait le pouvoir exécutif et disposait de quarante djiguites pour exécuter ses ordres; c'était réellement le premier serviteur de sa tribu; il n'avait pas même le droit de prélever les impôts. Le titre de Khan était encore octroyé exceptionnellement, comme distinction honorifique, à ceux qui avaient fait preuve d'une grande bravoure dans les guerres.

Le Khan le plus célèbre de l'Akhal fut Nour-Verdi, de la tribu des Vakils; il batttit les Khivains en 1855, les Persans en 1861 et les Russes devant Ghéok-Tépé en 1869. Ayant anéanti les Saryks à la tête de deux mille Tékés, cet acte de bravoure lui valut d'épouser Goul-Djamal, la plus belle et la plus intelligente fille de Merv. Les biens qu'il acquit par ce mariage lui permirent de résider tantôt dans l'Akhal, tantôt sur les bords du Mourgab. Intrépide, juste et hospitalier, ce prince jouit d'une grande influence jusqu'en 1880. Il mourut à l'âge de cinquante ans; son fils Makhtoum-Kouli-Khan lui succéda, mais il n'avait pas les éminentes qualités de son père.

Comme chez tous les Turcomans, nous retrouvons parmi les Tékés les *tchomrys*, sédentaires, et les *tcharvas*, nomades; les troupeaux forment l'unique richesse de ces derniers; ils élèvent de grands et robustes chameaux, une excellente race de moutons; mais ce sont surtout leurs chevaux qui ont acquis la plus grande réputation, même en dehors des frontières de l'Asie centrale. Déjà, du temps d'Alexandre le Grand, les chevaux de la Sogdiane étaient célèbres. Marco Polo, parlant des excellents chevaux de l'Asie centrale, que la légende faisait descendre de Bucéphale, dit qu'ils avaient les sabots si durs qu'on ne les ferrait pas. Si le cheval téké descend directement de cette race, son sang a été fréquemment renouvelé ; ainsi Timour, voulant l'améliorer, distribua cinq mille juments arabes aux Turcomans, et dans notre siècle, Nasr-Eddin leur en donna six cents. Néanmoins, le cheval téké actuel n'offre pas les signes caractéristiques de la race arabe, il ressemble plutôt au pur sang anglais : grand, sec, à membres grêles, au poitrail étroit, il a le cou long et mince, le garrot extrêmement relevé, la tête souvent lourde, l'arrière-main comparativement peu développée. Il manque à ce cheval le signe distinctif de l'arabe : l'attache de la queue haute. Le cheval téké a la croupe souvent tombante et, par suite, un vilain port de queue, la tête busquée, ou au moins droite, presque toujours lourde et disproportionnée ; l'œil en revanche est remarquablement grand.

Les Tékés n'ont pas de haras ; le cheval est élevé dans l'aoul, et les juments seules suivent aux pâturages les troupeaux des tcharvas ; on les monte peu, elles ne servent à transporter le cavalier qu'à de petites distances. Elevé au milieu des habitations, l'étalon, doux pour le cavalier, est d'une intelligence rare.

Un proverbe turcoman dit : « Pour faire un cheval du poulain, le propriétaire se fait chien (se sacrifie). » Mais ce n'est là qu'un dicton de paresseux, car l'étrille et la brosse sont inconnues ; le pansage se réduit à sa plus simple expression. Armé de son couteau, le Turcoman gratte le cheval, toujours dans le sens du poil, et se contente ensuite de le lisser soit avec le manche de son khalat ou avec un morceau de feutre. Le poulain reste couvert nuit et jour de pièces de feutre dont le nombre augmente avec son âge. Deux ou trois feutres, en forme de chabraque, couvrent le garrot des chevaux adultes, généralement sillonné de blessures, et ne se soulèvent qu'avec les plus grandes précautions ; le Téké prétend que l'air et le soleil surtout sont nuisibles à cette partie si délicate de l'épine dorsale.

C'est sur ces feutres que repose la selle en bois et en corne, ressemblant au bois de l'ancienne selle hongroise, privée de panneaux, et dont le pommeau, en fer de lance, est très allongé. La première couverture, d'un tissu multicolore de soie et de coton, couvrant le cheval de la naissance du cou à la croupe, se passe par-dessus la selle et se croise sur le poitrail ; puis un second feutre, plus grand, recouvre le cheval depuis les oreilles jusqu'à la naissance de la queue ; enfin une troisième couverture, généralement blanche et richement brodée, complète l'accoutrement du coursier. Cinq ouvertures sont ménagées dans tous les feutres pour laisser passer le pommeau de la selle, les étrivières de la dernière sangle, qui fait entièrement le tour de cette vaste enveloppe qui ne quittera le cheval qu'aux jours des grandes courses; le reste du temps, été comme hiver, nuit et jour, le coursier du désert restera couvert de ses chauds vêtements. C'est, disent les Tékés, pour que la graisse de nos montures fonde. Et, de fait, elles n'ont que des muscles. L'épiderme et le poil, par suite de cet excès de couvertures, sont d'une finesse comme on ne les voit chez aucun autre cheval; le poil luisant produit des robes invraisemblables, des alezans couleur bronze et vieil or, d'un effet surprenant au soleil.

PTCHAK.

L'entraînement du cheval est parfaitement entendu par les Tékés; tout en développant son action, ils arrivent à réduire sa nourriture et surtout l'eau à un minimum incroyable; la luzerne séchée se remplace par de la paille hachée, et notre avoine par de la farine d'orge mélangée de graisse de mouton. Les Turcomans font usage de peu de remèdes dans les maladies des chevaux: les saignées, la diète et les traitements empiriques jouent un grand rôle; j'ai néanmoins appris chez eux plusieurs procédés de traitement qui m'ont rendu de bons services. Ainsi, j'ai guéri les boiteries d'épaule en appliquant un feutre préalablement bouilli dans de l'eau saturée de sel; quant aux blessures de garrot, si fréquentes en voyage, grâce au traitement téké, elles ne m'ont jamais mis un cheval hors de service. Après avoir lavé la blessure avec de l'eau tiède, je faisais appliquer pendant la nuit une pâte de crottins de cheval délayés dans de l'eau chaude; le lendemain après un lavage conciencieux, toujours à l'eau tiède, un morceau de feutre carbonisé, posé sur la blessure, la cicatrisait dans les vingt-quatre heures.

Lorsque le cheval est dessellé, les couvertures sont maintenues par une sangle faisant quatre fois le tour du corps; le premier tour à la place où se sangle chez nous le cheval, le second se croise sous le ventre à la hauteur des reins ; ainsi vêtu, le cheval, attaché à une longue corde ou à une chaîne, reste entravé à proximité de la kibitka. Par suite du frottement continuel des couvertures sur le cou, la crinière ne se développe que faiblement, ou pas du tout, et, là où elle se montre, on la coupe avec des ciseaux; le Téké ne laisse au cheval que le toupet du front ; la queue est longue, mais peu fournie. Le Turcoman ne connaît pas encore le mors, la bride qu'il emploie est mince; il ne se sert ni d'éperons ni de cravache, inutiles à cause des couvertures du cheval ; le

FEMMES TURCOMANES.

fouet minuscule qu'il porte n'est qu'un joujou. Il est rare de voir le Téké châtier son cheval, et, si cela lui arrive, il relèvera les feutres qui en couvrent la croupe, ce qui donne lieu à une opération fort compliquée, pendant laquelle sa colère à le temps de se calmer...

Le Téké monte, les rênes flottantes, laissant toute liberté à son cheval, qui par nature a un beau port de tête, et qui choisit lui-même, avec un instinct remarquable, son chemin à travers les défilés escarpés des montagnes. Juché très haut sur la selle, les couvertures obligent le cavalier à tenir les jambes très écartées et droites, l'étrier chaussé; au galop, le cavalier est debout sur ses étriers, le corps penché en avant. Le cheval téké n'a que deux allures, le galop et un pas qui tourne à l'amble ou au pas tierce; c'est avec cette allure que le Turcoman fait ses grandes traites de huit jours, à raison de deux cents verstes en moyenne par jour, restant en selle vingt heures sur les vingt-quatre.

Peut-être n'est-ce pas tant la race du cheval turcoman qui en fait la supériorité que le travail qu'on exige. L'alamane (razzia à main armée) a créé les chevaux tékés et développé leurs qualités merveilleuses; quand les alamanes deviendront impossibles et que les Tékés ne dresseront plus leurs chevaux pour ces longues expéditions, ils tomberont au-dessous de ceux des Yemralis, qui offrent un type plus parfait à nos yeux. Si le Turcoman est capable d'affection, il la garde pour son cheval, avec qui il partagera sa dernière poignée d'orge comme sa dernière goutte d'eau. N'étant jamais battu, cet animal est d'un caractère remarquablement doux avec les hommes, quoique féroce avec ses semblables; quand un étalon parvient à se détacher, il s'engage des combats parfois terribles et des plus dangereux pour ceux qui s'approchent : il est inutile de s'interposer si le propriétaire n'est pas présent; celui-ci, en revanche, avec son simple : *Dour! dour!* (tranquille) parvient souvent à apaiser son coursier, tandis qu'un étranger y risquerait ses os. Mais l'amour du Téké pour son cheval n'est pas si désintéressé, car le cheval, c'est son gagne-pain, la source de sa richesse. Si le Téké est sale, vêtu de haillons sordides, s'il ne déploie même pas de luxe dans ses armes, son cheval et sa femme donnent l'idée de son aisance; les harnais et les brides sont plaqués d'argent, tout comme sa femme est couverte de bijoux précieux, fruit des alamanes.

Le proverbe turcoman dit : On « clouerait plus facilement chaque grain de sable du désert que de fixer le Tourkmène, » et : « Le Tourkmène à cheval ne connaît pas son père. » Sauvage, indomptable, puissamment aidé par son rapide coursier, il est devenu, grâce à la lâcheté de ses voisins, le brigand redouté qui, pendant de longues années, portait la terreur sur son passage. L'alamane était le but de son existence, le seul moyen d'acquérir la réputation et la fortune ; l'*alamanetchik*, qui ailleurs s'appellerait voleur de grand chemin, loin d'être méprisé, était chanté par les poètes comme un preux chevalier. Cette chasse à l'homme, dirigée contre une tribu ennemie, procurait au vainqueur des bestiaux et des prisonniers produisant une rançon considérable. De leurs incursions en pays d'infidèles, comme la Perse, les alamanetchiks ramenaient des troupeaux de *kizilbaches* (terme de mépris donné aux Persans) qui alimentaient les marchés d'esclaves de l'Asie centrale.

Le nombre des cavaliers prenant part à une alamane variait de trois à quatre mille, et quelquefois davantage. Si le Turcoman, dans son aoul, n'admet pas de maître, dans l'alamane, il se donnait un chef auquel il obéissait aveuglément. La connaissance des chemins, des puits, le don du commandement, joints au courage personnel, étaient nécessaires pour devenir *serdar* (chef d'expédition); le courage personnel, seul, donnait le titre de *tatter* ou *batyr* (preux, chevalier). Dans l'Akhal, qui a produit les plus fameux serdars des dernières guerres, il y en avait dont la spécialité consistait à diriger les alamanes dans les États de l'Émir de Boukhara; d'autres, connaissant les ressources et les puits du grand désert, menaient leurs bandes contre les Turcomans de Khiva; enfin les plus nombreux dirigeaient leurs expéditions au sud-ouest, sur les provinces de Boudjnourd, de Kélat et de Déréghez. Le métier d'alamanetchik exige un bon cheval, des armes, du courage et le mépris de la mort. Si les chaleurs imposaient en général une trêve aux alamanes des Turcomans, les Tékés exerçaient leur métier durant toute l'année; pour eux, il n'y avait pas de saison morte.

Une autre tactique, employée surtout contre les forteresses kourdes, consistait à se servir d'échelles d'assaut pour s'introduire dans les murs pendant que les habitants se livraient au sommeil. Chilva-Tchechmé fut pris de cette façon. Sur une population de quatre cent quatre-vingts personnes, quarante seulement purent échapper, tout le reste fut massacré ou emmené en esclavage. L'un des survivants de ce malheureux bourg me raconta à Chilva-Tchechmé même cette scène effrayante. Les Tékés tuaient pour le plaisir de tuer; les manches retroussées, armés du *ptchak*, couteau long et effilé, ils « travaillaient », suivant son expression, pour assouvir leur soif de sang. Il n'entrait pas dans leur tactique de faire des sièges : l'alamane ne procédait que par surprises nocturnes; s'ils rencontraient de la résistance, les plus braves se battaient pendant que les autres pillaient et emmenaient les prisonniers.

Les Tékés inspiraient partout une terreur si grande que leurs attaques étaient presque toujours couronnées de succès. Une fois dans la place, il était rare que la population affolée eût assez de courage pour chasser les agresseurs, si petit que fût le nombre. Les détails de ces sacs, que je me suis fait raconter sur place par les Kourdes, dépassent toute imagination. Les assaillants trouvaient-ils la place gardée et défendue, ils se retiraient généralement pour s'attaquer à une proie plus facile. Se risquaient-ils dans la plaine. c'était pour fondre sur les caravanes en poussant de grands cris Avant la prise de Géok-Tépé, la grande route de Méched à Téhéran était tellement infestée par les Tékés que les caravanes partaient de Chakhroud à époques fixes, escortées d'infanterie, de cavalerie et même d'artillerie. La crainte des Turcomans était telle que pas un cultivateur ne sortait pour travailler ses terres sans être armé. Ils avaient bâti sur leurs champs des tours rondes à entrée extrêmement petite, où ils se réfugiaient à la vue seule d'un cavalier turcoman, ayant bien soin d'en boucher l'orifice avec des pierres amoncelées dans l'intérieur.

La population iranienne de la plaine offrait un champ d'activité plus facile aux brigands. On raconte qu'un Persan bien armé. attaqué par un brigand, l'avait vaincu : « Que fais-tu? s'écria l'adversaire terrassé, ne sais-tu pas que je suis Téké? » A ces mots, le Persan fut pris d'une telle frayeur qu'il se laissa garrotter et emmener prisonnier par le Téké que tout à l'heure il tenait en son pouvoir. Grodékoff rapporte que, lors de la grande amine qui ravagea la Perse en 1871, la population iranienne des environs de Sarakhs était arrivée à un tel degré de lâcheté que les plus pauvres Tékés, armés seulement d'un gourdin et montés sur un âne, chassaient devant eux les habitants des villages pour les vendre sur le marché de Merv.

Si la marche à travers les montagnes avant l'attaque se faisait de nuit et silencieusement, le retour heureux, comme de raison, dépendait de la vitesse des chevaux. Les enfants et les femmes jeunes et jolies étaient attachés en croupe, et avec cette double charge le cheval devait faire, parfois sans arrêt, des centaines de verstes qui le séparaient de l'aoul de son maître. Les hommes vigoureux, le carcan au cou, dont la chaîne longue et lourde était attachée au pommeau de la selle, animés par le fouet de l'alamanetchik, couraient jusqu'à l'épuisement de leurs forces. Si la retraite était précipitée et si le prisonnier ne pouvait pas avancer assez vite, un coup de sabre mettait un terme à ses souffrances.

Le sentiment de pitié paraît manquer entièrement au Turcoman : l'esclave n'est à ses yeux qu'une marchandise ; sa barbarie et sa cruauté ne connaissent pas de bornes. Des esclaves transportés de Sarakhs à Merv disent avoir parcouru ce chemin sans nourriture ; c'est tout au plus si une gorgée d'eau leur était donnée lorsqu'ils tombaient d'inanition.

Le retour des alamanetchiks, annoncé à l'avance par une estafette, donnait lieu à des réjouissances ; tous les habitants de l'aoul venaient au-devant d'eux pour admirer plus tôt ces guerriers courageux et leur riche butin.

Si, jusqu'à la conquête de Khiva, l'alamane et la vente des

esclaves produisaient la richesse dans les aouls, l'année 1873 mit fin à cet état de choses ; ne pouvant plus vendre leurs prisonniers, les Tékés se contentaient de les maltraiter pour obtenir une forte rançon. Depuis l'occupation de l'Akhal par la Russie, la population paisible et laborieuse du Khorassan est débarrassée de ce fléau. La prospérité renaîtra dans ces belles contrées, et quand les Sarihs et les Salors seront définitivement soumis au tsar, la

CAVALIER TURCOMAN.

mission de la Russie sera terminée. De l'Afghanistan jusqu'aux limites de la Sibérie, l'ordre et la tranquillité régneront, après des siècles de luttes, et l'Asie centrale redeviendra, sous l'égide d'un gouvernement fort, ce qu'elle fut jadis, un des pays les plus privilégiés du globe.

III

C'est par étapes de cinquante à soixante verstes que nous avons parcouru l'Akhal, mettant ainsi cinq jours, sans compter les arrêts, pour arriver à Askabad. Nous demandions chaque soir l'hospitalité dans une forteresse ou un aoul téké, et nous étions reçus toujours courtoisement par les Turcomans, qui comptent comme un honneur la visite du serdar. L'hospitalité est sacrée aux Turcomans ; elle est gratuite et obligatoire entre eux, mais ils ne l'exercent qu'à contre-cœur ; en revanche, ils sont toujours empressés pour l'étranger qui paye largement. Aussi mettait-on tout en œuvre pour circonvenir mon serdar, et si j'avais écouté ses conseils, je me serais arrêté dans chaque kibiktka de l'Akhal, et mon voyage aurait duré une éternité. Ayant envoyé mes gros bagages en avant, je ne marchais qu'avec mes chevaux de selle et mes gens, dont le nombre était très réduit depuis mon entrée en Turcomanie. Cependant j'avais douze chevaux et dix cavaliers pour lesquels, chaque soir, il fallait trouver la nourriture. Le Téké, depuis la conquête, est très pauvre, et les provisions y sont hors de prix ; aussi avec un train semblable on ne peut honnêtement accepter une hospitalité gratuite de ces pauvres nomades.

Si les étapes à travers le pays des Tékés m'ont coûté gros, elles me laissent de bien intéressants souvenirs des longues soirées passées sous la yourte, rendez-vous des hommes influents qui venaient en tomacha entendre le *Frenghi* parler de son pays lointain. Les femmes préparaient le pilaou; mes domestiques offraient le thé, et souvent les causeries se prolongeaient tard dans la nuit.

Rarement, pendant ces assemblées du soir, les femmes mariées. ou en état de l'être, se hasardaient dans la société des hommes ; elles se tiennent à l'écart, se couvrant le bas du visage de leur *bouroundjouk* (mantille de soie) en signe de respect ; les jeunes filles et les vieilles matrones seules ne se voilent point. Cependant le matin, quand j'étais seul, elles se glissaient furtivement dans la tente, curieuses comme de vraies filles d'Ève ; elles venaient assister à la toilette de l'étranger, le questionnant sur le contenu de son nécessaire, qui les intéressait au plus haut point.

Le costume de la femme tékée, tout en étant très simple, est propre à faire valoir ses charmes : il consiste en une longue chemise flottante, en soie rouge ou bleue, qui n'est retenue que par une ceinture. La chemise, autour du cou et jusqu'au bas de la taille, est surchargée de monnaies et de plaques d'argent, formant une espèce de cuirasse, auxquelles sont mêlées de petites clochettes en argent qui tintent à chaque pas. Ces monnaies, ces plaques, ces clochettes, comme aussi les bracelets, dont les femmes tékées sont couvertes, dénotent non seulement la richesse du mari, mais aussi son courage, car ces bijoux, quoique travaillés par les artistes indigènes d'après le goût turcoman, proviennent des expéditions de l'époux, dont la femme porte les trophées. Sur la tête, les femmes mariées portent un petit bonnet rond, brodé. d'où s'échappe leur abondante chevelure. La jeune fille porte les cheveux tressés et découverts. La femme tékée est belle, grande et svelte ; elle est la seule femme de l'Asie centrale qui sache marcher. Rien de plus gracieux qu'une fille de cette race allant quérir l'eau dans quelque puits et portant la grande amphore sur l'épaule; maintes fois je me suis arrêté pour jouir de ce spectable, qui me faisait oublier les affreux masques de Khiva et de Boukhara. Il me restait encore quelques bracelets, des colliers et des bibelots que je distribuais à mes jolies visiteuses; en échange, elle venaient m'apporter des ouvrages de leurs mains. Car la femme tékée est une artiste ; nos belles dames d'Europe seraient bien surprises si elles voyaient ce qu'une pauvre sauvage sait faire de ses doigts ; j'ai des broderies des *bouroundjouks* qui sont de vraies merveilles. Les tapis qu'elles confectionnent sont les plus beaux et les plus durables de tous. Ils sont d'ailleurs hors de prix puisque, dans l'Akhal même, on paye une petite descente de lit, si elle est belle, à raison de 40 roubles, soit 100 francs. J'ai vu de grands ouvrages de ce genre estimés 8,000 à 10,000 francs. Et cette même femme, au besoin, devient une héroïne; lors de la prise de Géok-Tépé par les Russes, les femmes combattaient à côté des hommes ; une branche de leurs longs ciseaux, fixée au bout d'un bâton, formait la lance dont plus d'un soldat russe porte encore la marque aujourd'hui.

Quoique la polygamie soit très en vogue en Turcomanie, les femmes gardent une certaine autorité ; il n'est pas rare d'en voir qui exercent une influence sur les affaires communes. Ainsi à Merv, récemment, la veuve de Nour-Verdi-Khan jouissait d'une grande réputation, et les Tékés disaient : « C'est elle qui règne à Merv. »

La femme est achetée au père par le fiancé : le *kalim* (prix d'achat) consistait jadis en un certain nombre d'esclaves fixé d'avance; si, au jour convenu, l'acquéreur n'avait pu réunir la somme exigée, le mariage ne durait que quelques jours, et le père reprenait sa fille jusqu'à ce que la dette fût entièrement soldée. Avant la conquête russe, le prix d'une femme variait entre 1,200 et 2,000 francs; mais depuis le massacre de Géok-Tépé, le nombre des femmes est beaucoup supérieur à celui des hommes, et le prix en a notablement diminué. Les femmes tékées n'épousent que des Tékés; au contraire, si les alamanetchiks ramenaient de belles Iraniennes, il leur arrivait de les garder sous leurs tentes, soit comme esclaves, soit comme épouses. La femme tékée est laborieuse; en dehors des travaux domestiques, c'est elle qui tisse et confectionne les vêtements. La femme qui se marie apporte en dot un certain nombre de feutres qu'elle a fabriqués dans ses loisirs, parmi lesquels doit figurer une couverture très fine pour le cheval de son époux. Un de leurs proverbes dit : « Plus le feutre pour le coursier est fin, plus l'amour pour le cavalier est grand. »

Les récits des aventures chevaleresques forment la base de la conversation des Turcomans, comme le tabac et le thé, celle de leurs dépenses; s'ils sont très bavards entre eux, ils sont circonspects vis-à-vis de l'étranger, qui a beaucoup de peine à obtenir des renseignements sur leurs mœurs. A l'exception des mollahs, les Tékés sont illettrés, mais très rusés dans la réplique, et, quoique le mensonge leur répugne, ils savent donner des réponses si ambiguës qu'on fait bien de se méfier. C'est vraiment au Turcoman que « la parole a été donnée pour cacher ses pensées ». Cependant ces enfants du désert possèdent une belle qualité qui a même frappé les Russes : il ne s'est jamais trouvé d'espion parmi eux. Le traître est mis à mort par sa tribu sans aucune forme de procès, sa famille chassée et ses biens détruits, car la trahison est considérée ici comme le plus grand crime.

Henri MOSER.

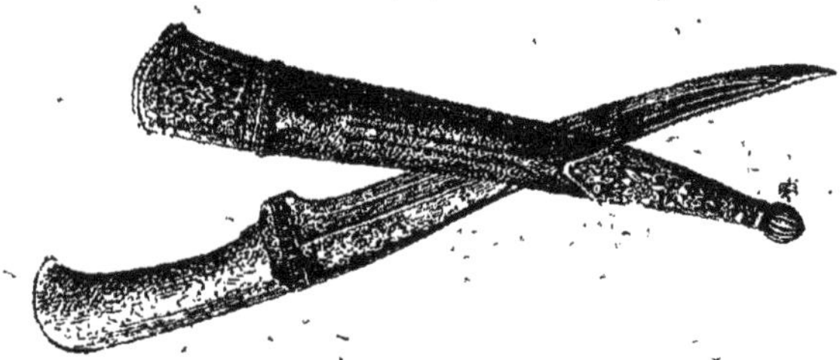

COUTEAU TURCOMAN.

www.ingramcontent.com/pod-product-compliance
Ingram Content Group UK Ltd.
Pitfield, Milton Keynes, MK11 3LW, UK
UKHW032026260826
14628UKWH00006B/2766

9 782014 090390